13 Juin 1883.

VENTE

Des Mercredi 13 et Jeudi 14 Juin 1883

HOTEL DROUOT, SALLE N° 1

Pour cause de départ

BEAU MOBILIER

OBJETS D'ART — TABLEAUX

ARGENTERIE — BIJOUX

TAPIS D'ORIENT

Appartenant à M. le comte de F....

Mᵉ P. CHEVALLIER	M. Charles GEORGE
COMMISSAIRE-PRISEUR	EXPERT
Succʳ de Mᵉ CH. PILLET	12, rue Laffitte.
10, rue Grange-Batelière, 10.	PARIS

EXPOSITION PUBLIQUE

Le Mardi 12 Juin 1883, de 1 heure à 5 heures.

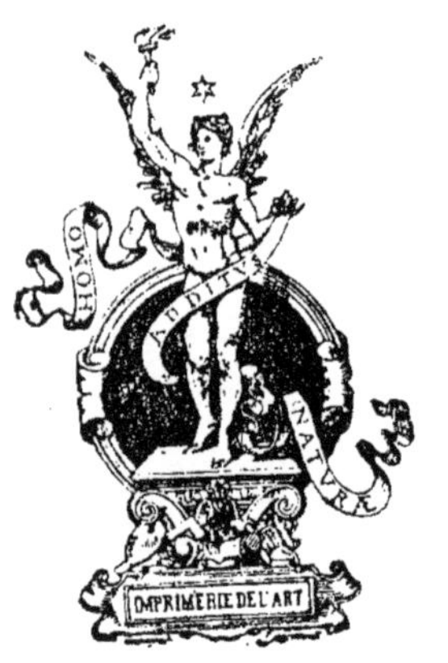
HOMO
ADDITV
NATVRÆ
IMPRIMERIE DE L'ART

CATALOGUE

D'UN

BEAU MOBILIER

MEUBLES ANCIENS ET MODERNES

BEAU CABINET LOUIS XIII

BRONZES D'ART ET D'AMEUBLEMENT

Belle garniture de cheminée de chez Barbedienne avec buste en marbre
par Carrier-Belleuse

OBJETS D'ART — CURIOSITÉS

PORCELAINES ET FAIENCES ANCIENNES

SERVICES DE TABLES — CRISTAUX — VERRERIE

Bijoux — Argenterie — Tapis d'Orient

TABLEAUX ANCIENS ET MODERNES

Appartenant à M. le Comte de F.....

ET DONT LA VENTE AURA LIEU POUR CAUSE DE DÉPART

HOTEL DROUOT, SALLE N° 1

Les Mercredi 13 et Jeudi 14 Juin, à 2 heures

COMMISSAIRE-PRISEUR
Me P. CHEVALLIER
Successeur de Me CH. PILLET
10, rue Grange-Batelière, 10

EXPERT
M. Ch. GEORGE
12, rue Laffitte, 12
PARIS

EXPOSITION PUBLIQUE : Le Mardi 12 Juin 1883

DE UNE HEURE A CINQ HEURES

CONDITIONS DE LA VENTE

Elle sera faite au comptant.

Les adjudicataires payeront *cinq pour cent* en sus des enchères.

L'exposition mettant le public à même de se rendre compte de l'état des objets, il ne sera admis aucune réclamation une fois l'adjudication prononcée.

Paris. — IMPRIMERIE DE L'ART, J. ROUAM, 41, rue de la Victoire.

TABLEAUX ANCIENS

ALLEGRAIN

1 — *Le Temple de la Sibylle, à Tivoli.*

BOUCHER

(Attribué à FRANÇOIS)

2 — *Jupiter et Calisto.*

Signé à droite.

BOUCHER

(École de)

3 — *Pastorales.*

Deux panneaux.

BOURGUIGNON

4 — *Choc de cavalerie.*

CALABRÈSE

(LE)

5 — *Jeune Fille mordue par une souris.*

CHARDIN

(Genre de)

6 — *Nature morte.*

DYCK (?)

(ANTON VAN)

7 — *Le Christ en croix.*

DYCK
(D'après VAN)

8 — *Les Enfants de Charles Ier.*

Belle copie.

GRIMOUX

9 — *Tête de jeune homme.*

GROS (?)

10 — *Portrait de l'Impératrice Joséphine.*

Signé.

HEEM
(DAVID DE)

11 — *Fruits, raisins, écrevisse.*

Signé.

HUYSUM

(Attribué à J. VAN)

12 — *Fleurs et Fruits.*

LEMASLE

13 — *Diverses études, académies, une esquisse.*

LE MOYNE

(FR.)

14 — *Andromède enchaînée au rocher.*

Cadre en bois sculpté.

MIGNARD

(École de)

15 — *Portrait d'une dame de la Cour.*

NEER

(EGLON VAN DER)

16 — *Le Roi Candaule.*

Signé en toutes lettres. Cadre sculpté.

PALAMEDES

(STEVENS)

17 — *Une Bataille.*

RIGAULT

(Attribué à HYACINTHE)

18 — *Le Cardinal de Bouillon.*

ROSA

(Signé J.)

19 — *Paysage.*

SNYDERS

(Signé)

20 — *Chasse au sanglier.*

SNYDERS

(Attribué à)

21 — *Chasse au sanglier.*

22 — *Chasse à l'ours.*

TITIEN

(Attribué à)

23 — *Nymphes et Satyres.*

24 — Aquarelle représentant le même sujet, mais avec des variantes.

VERNET

(École de J.)

25 — *Au Port* et *le Naufrage.*

Deux pendants.

WERFF

(ADRIEN VAN DER)

26 — *Deux jeunes femmes, vues à mi-corps, tenant des guirlandes de fleurs.*

ÉCOLE VÉNITIENNE

27 — *Allégorie du mariage.*

ÉCOLE ITALIENNE

28 — *Allégorie de la Musique.*

29 — *Le Denier de César.*

30 — *Choc de cavalerie.*

31 — *Choc de cavalerie.*

ÉCOLE FLAMANDE

32 — *Chanteurs comiques.*

ÉCOLE FRANÇAISE

33 — *Nymphe étendue.*

34 — *Portrait présumé de Marie-Thérèse de Bourbon.*

ÉCOLE HOLLANDAISE

35 — *Portrait d'un guerrier.*

36 — *Fruits, vase, verres.*

TABLEAUX MODERNES

BEAUQUESNE

37 — *La Défense du drapeau.*

BOUCHET-DOUMENQ

(H.)

38 — *La Déclaration.*

KAULBACH

(D'après)

39 — *Portrait de femme.*

KRATKÉ

40 — *Récréation des bouffons.*

LE DOUX

(A. 1836.)

41 — *Défilé de l'histoire et des costumes.*
Aquarelle.

LEMAIRE

(CASIMIR)

42 — *Bouffon agaçant des chiens.*

43 — *Bouffons jouant et buvant.*

44 — *Bouffon jouant de la vielle.*

45 — *Nature morte, plats, fruits, vases.*

46 — *La Jeune Musicienne.*

LERAY

47 — *Vue de mer.*

48 — *Le Château de Ham.*

49 — *Tête de jeune femme.*

50 — *Amours lançant des flèches. (Motif de plafond.)*

MARCHAIT

51 — *Le Singe.*

MARTINOT

(1860)

52 — *Nature morte.*

MATHIEU

(Mme MARIE)

53 — *Fanchon regrettant ses montagnes.*

Salon de 1877.

PHILIPPOTEAUX

54 — *Femme couchée sur une peau de tigre.*

ÉCOLE MODERNE

55 — *Nature morte, oiseaux, huîtres, légumes.*

56 — *La Fornarina.*

Copie.

57 — Divers tableaux sous ce numéro.

DÉSIGNATION DES OBJETS

OBJETS D'ART

58 — Très bel émail sur or de forme ovale, portrait de jeune femme (Mme de Parabère?) représentée en buste, cheveux poudrés avec perles, robe bleue décolletée et pierreries au corsage. Cet émail, de la plus grande finesse d'exécution, porte au revers la signature des *frères Huaut*.

59 — Miniature portrait de femme, époque Louis XVI. signée : *Bachegrain.*

60 — Bonbonnière ronde en ivoire avec miniature sur le couvercle, une famille de cinq personnes.

61 — Étui, émail de Saxe avec ces mots : « Gage d'amour ».

62 — Buste de femme, la Folie; ivoire Louis XIII.

63 — Deux jolis petits cadres Louis XIV, en bois sculpté.

64 — Petit vase ovoïde formé d'un coco, monture en argent. Époque Louis XV.

65 — Éventail Louis XV, monture ivoire.

66 — Montre Louis XVI en or ciselé.

67 — Tour de cou or avec médaillon camée dur.

68 — Joli éventail Louis XV.

69 — Terre cuite, statuette le Printemps, de *H. Moreau.*

70 — Terre cuite, statuette de Nymphe.

71 — Verrerie ancienne, de Bohême, de Flandre, de Venise. Grands verres à pied, buires, verres dorés. (Ce lot sera divisé.)

72 — Christ byzantin en cuivre émaillé.

73 — Plusieurs Christ, Vierge, bénitier.

74 — Lanternes anciennes.

ARMES ANCIENNES

75 — Casque des gardes du corps du roi Louis XVIII.

76 — Hallebarde gravée.

77 — Paire de pistolets Louis XIV, garniture en cuivre ciselé et doré.

78 — Autre paire de pistolets, même époque.

79 — Pistolet Louis XIV, canon incrusté d'or.

80 — Poignard à garde ciselée et dorée. Époque Louis XIV.

81 — Deux poignards.

82 — Dague.

83 — Poignard marocain.

84 — Poignard des Cadets de la marine. Époque Louis XVI.

85 — Trois couteaux de chasse orientaux.

86 à 90 — Dix beaux couteaux de chasse de l'époque Louis XV.

91 — Belle épée de l'époque Louis XIV, avec garde en fer ciselé et doré, avec fourreau.

92 — Jolie épée de cour, à garde d'argent. Époque Louis XV.

93 — Épée de mousquetaire, à garde d'argent. Époque Louis XIV.

94 — Épée de cour. Époque Louis XV.

95 — Épée de carabinier.

96 — Épée de dragon. Louis XVI.

97 — Sabre.

98 — Sabre de Mameluk (sous Napoléon Ier).

99 — Sabre d'honneur avec inscription : « 27, 28, 29 juillet 1830 ».

100 — Épée à garde argentée, du temps de la Restauration.

101 — Sabre de dragon espagnol avec légende gravée : « Por el rey Carlos III », 1773.

102 — Grande épée à poignée ciselée, à quillons courbés en sens inverse.

103-104 — Deux épées à poignées ciselées.

105 — Épée Renaissance, à poignée finement ciselée.

106 — Plusieurs poignards, couteaux, fourchettes à manches d'ivoire. (Ce lot sera divisé.)

107 — Cartouchière orientale.

108 — Boîte de pistolets de tir, de fabrication anglaise.

PORCELAINES — FAIENCES

109 — Chine. Deux beaux plats hexagones en vieux Chine, à armoiries au centre et quadrillés sur le marly en émail rose.

110 — Chine. Plusieurs assiettes.

111 — Chine. Tasses, soucoupes et théières à personnages.

112 — Service à personnages, sujets galants, huit pièces.

113 — Petit plat et deux assiettes porcelaine de l'Inde.

114 — Japon. Deux beaux plats, décor bleu et rouge, poissons au marly.

115 — Sèvres. Sucrier pâte tendre.

116 — Saxe. Pot à crème, sucrier, bonbonnière.

117 — Rouen. Deux belles assiettes, l'une *à la corne*, l'autre *à la corne tronquée*, montées en étain et formant appliques.

118 — Rouen. Petit plat long, *à la corne*.

119 — Rouen. Saladier carré, *à la corne*.

120 — Rouen. Saladier rond, *à la corne*.

121 — Rouen. Pichet, décor polychrome, *au chardon*.

122 — Rouen. Soupière, *à la corne tronquée*.

123 — Rouen. Trois raviers.

124 — Rouen. Deux jardinières.

125 — Sinceny. Trois compotiers, bords dentelés.

126 — Ravier et pot à moutarde.

127 — Huilier.

128 à 130 — Castelli. Trois assiettes.

131 — Strasbourg. Très grand plat.

132 — Quatre corbeilles, à chinois avec plateaux à marly ajouré.

133 — Plusieurs assiettes, pots à crème.

134 — Aprey. Douze assiettes à ornements en relief au marly.

135 — Moustiers. Assiette à armoirie.

136 — Marseille. Corbeille à médaillons en camaïeu rose.

137 — Grand plat.

138 — Nevers. Jardinière à anses à torsades.

139 — Nevers. Jardinière fond bleu lapis moucheté de blanc.

140 — Delft. Fromagères, plats, assiettes, corbeilles. (Ce lot sera divisé.)

141 — Faïence moderne. Fontaine genre Strasbourg.

142 — Faïence moderne. Appliques avec porte-lumière.

143 — Faïence artistique d'Ulysse de Blois, de J. Tortat; dix-sept pièces sous ce numéro.

144 — Deux corbeilles de Sèvres, montées en bronze.

145 — Deux corbeilles de Sèvres, montées en bronze.

146 — Service de table, porcelaine à bords bleus et couronne de comte.

147 — Service à thé, lots de porcelaines blanches et décorées, tasses, etc.

148 — Neuf assiettes porcelaine de Chine et faïence.

149 — Bouteille en faïence de Nevers.

150 — Plat rond, décor bleu en faïence de Rouen.

151 — Miroir à glace biseautée. Encadrement en ancienne porcelaine de Saxe, décor à fleurs en camaïeu rose.

BIJOUX — ARGENTERIE

152 — Bracelet or, chaton pavé de brillants.

153 — Bague, perle entourée de brillants.

154 — Pendentif orné de brillants.

155 — Onze boutons en strass, monture argent.

156 — Huit petits boutons strass.

157 — Châtelaine formée de rosaces en strass.

158 — Deux boutons de chemise et une bague en strass.

159 — Chaîne de col en or.

160 — Bague or, ornée de sept roses de Hollande.

161 — Cafetière, théière, sucrier et pot à crème en argent, beau modèle de style Louis XVI.

162 — Service à dessert : douze cuillers, douze fourchettes, douze couteaux, vingt-quatre petites cuillers.

163 — Cafetière ancienne en argent repoussé à feuillages et mascarons.

164 — Autre cafetière d'une ornementation analogue.

165 — Moutardier Louis XVI, argent, modèle à guirlandes et têtes de bélier.

166-167 — Deux paires de salières, même modèle.

168 — Gobelet hexagonal, argent repoussé, à sujets de chasse.

169 — Grand verre à pied, forme calice, à couvercle en vermeil, gravé à armoiries. Travail allemand.

170 — Brûle-parfums Louis XIII, argent ajouré.

171 — Deux cuillers argent.

172 — Petite cuiller à thé. Époque Louis XV.

173 — Cuiller à sucre. Époque Louis XV.

174 — Pince à sucre et coquetier.

175 — Vingt-quatre couteaux, manche argent.

176 — Nécessaire de toilette, garniture argent, boîte en thuya.

177 — Cuiller et quatre fourchettes Renaissance en cuivre réargenté.

ÉTOFFES ANCIENNES

178 — Belle portière en satin bleu, ornée des fleurs de lis de France, velours en relief.

179 — Beau morceau de brocart d'or, fond rose.

180 — Lambrequin en satin brodé et à paillettes. Époque Louis XVI.

181 — Cinq morceaux de soie brochée.

182 — Douze carrés en soie brochée pour fauteuils et chaises.

183 — Chape, fond lilas.

184 — Chapes, chasubles et diverses étoffes sous ce numéro.

185 — Lot de cuirs de Cordoue.

186 — Taie d'oreiller en point à l'aiguille.

187 — Couvre-lit en petits carrés de guipure et de damas rouge.

TAPIS D'ORIENT

188 — Tapis de la Perse, de Smyrne, de l'Inde, tapis de mosquées, carpettes, grand tapis de chambre en moquette, etc.

BRONZES D'ART & D'AMEUBLEMENT — MARBRES

189 — Marbre blanc. Buste de Flore, par *A. Carrier-Belleuse*. 1868.

190 — Pendule en marbre noir, ornée d'une frise de rinceaux en bronze doré de chez *Barbedienne*. Elle forme le socle du buste qui précède.

191 — Deux grands et beaux candélabres composés de vases en bronze, décorés de bas-reliefs et de deux anses mascarons dans le style de *Clodion*; ils reposent sur des socles en marbre noir et supportent neuf lumières en bronze doré, de chez *Barbedienne*.

192 — Bronze. Deux belles statuettes (Sauvages), par *Mathurin Moreau*.

193 — Bronze. Statue équestre de Godefroy de Bouillon. Socle en marbre rouge.

194 à 198 — Plusieurs paires d'appliques des époques Louis XIV et Louis XV.

199 — Deux belles girandoles (bouts de table) à deux lumières, cuivre argenté de l'époque Louis XV.

200 — Deux flambeaux pareils.

201 — Brûle-parfums.

202 — Lustre cristal et bronze doré.

203 — Deux appliques cristal et bronze doré.

204 — Suspension de salle à manger, style Rènaissance, en bronze oxydé.

205 — Lustre bronze et porcelaine bleu lapis.

206 — Plusieurs garnitures de foyer, garde-feu, pelles, pincettes, etc., sous ce numéro.

207 — Belle garniture de cheminée en bronze doré à figures d'enfants.

208 — Deux paires de flambeaux Louis XVI.

MEUBLES ANCIENS ET MOBILIER

209 — Beau cabinet Louis XIII, en noyer sculpté, d'aspect monumental, avec parties plaquées d'écaille et décoré dans la partie inférieure de beaux panneaux à figures allégoriques : la Force et la Justice.

210 — Commode Louis XIV, en bois de placage, garni de cuivres anciens. Dessus en marbre griotte.

211 — Commode en citronnier et marqueterie de bois.

212 — Grande armoire normande, vieux chêne, noir et or.

213 — Bureau dit bonheur du jour, bois rose et marqueterie , garni de bronzes dorés.

214 — Vitrine Louis XVI, en acajou à filets de cuivre poli.

215 — Table de nuit Louis XVI, acajou et bronzes dorés.

216 — Grand fauteuil de style Louis XIII, bois sculpté, garniture en velours.

217 — Ameublement de salon, bois doré, style Louis XV, recouvert en satin rouge, composé de dix-neuf pièces : grand canapé, deux petits canapés, huit fauteuils, huit chaises. (Pourra être divisé.)

218 — Rideaux satin rouge et galeries dorées.

219 — Stores en tulle blanc.

220 — Deux tables à jeu.

221 — Console en bois doré, dessus en marbre rouge.

222 — Glace à cadre sculpté et doré.

223 — Beau dressoir de salle à manger en bois sculpté de style Louis XIII.

224 — Grand buffet vitré en vieux chêne.

225 — Deux petits buffets, dont l'un à vitrine, en vieux chêne.

226 — Huit chaises en chêne, recouvertes en drap rouge avec application de chimères en drap noir.

227 — Rideaux analogues aux chaises.

228 — Douze chaises en drap rouge soutaché.

229 — Meuble d'entre-deux en bois noir et marqueterie en bois de couleurs.

230 — Autre en bois noir, garni d'ornements rapportés en bronze doré.

231 — Horloge à pieds, en bois d'ébène et bronzes dorés, sonnant les heures, les demies, les quarts.

232 — Petite table, style Henri II, en velours vert.

233 — Ameublement de chambre à coucher en palissandre : beau lit à deux faces, armoire à glace biseautée, table de nuit chiffonnier.

234 — Rideaux et garniture de lit, couvre-lit, tapis de table, en toile chinoise havane.

235 — Fauteuils, pouff, chaises et sièges divers.

236 — Bibliothèque en palissandre.

237 — Deux gaines en marbre blanc et violet.

238 — Deux fûts de colonnes en acajou.

239 — Petit bureau.

240 — Cave à liqueurs.

241 — Cristaux, service mousseline avec couronne de comte, plusieurs services dépareillés, verres, brocs, carafe, etc., etc.

242 — Violoncelle de Gand frères.

www.ingramcontent.com/pod-product-compliance
Ingram Content Group UK Ltd.
Pitfield, Milton Keynes, MK11 3LW, UK
UKHW020521180726
13839UKWH00005B/2230